AF321447

L'AVENIR DE PARIS

PAR UN ANCIEN

ÉLÈVE DE L'ÉCOLE NORMALE

PARIS

CHARLES DOUNIOL ET Cⁱᵉ, LIBRAIRES-ÉDITEURS

29, RUE DE TOURNON

1871

PARIS. — IMP. VICTOR GOUPY, RUE GARANCIÈRE, 5.

L'AVENIR DE PARIS

La plus grande obligation que la France ait à M. Thiers c'est, à mon avis, d'écarter de Paris l'Assemblée nationale, mais cela durera-t-il ?

J'ai commencé à craindre le contraire, quand j'ai vu plusieurs candidats émettre le vœu de l'y ramener : souvent, à la vérité, ils ne disaient pas pourquoi. Il y en a un qui trouve que Paris manque à l'Assemblée, autant que l'Assemblée à Paris ; mais une jolie antithèse n'est pas un raisonnement. Cela signifie-t-il que Paris, en gardant les tribunaux, les ministères, les administrations, les musées, les bibliothèques, les écoles, les théâtres, etc..., doive aussi, pour être complet, réunir le Pouvoir central ? C'est comme si l'on disait d'un homme : Il est parfait, mais il lui manque une congestion cérébrale.

Un autre candidat, M. Clément-Duvernois, s'imagine

que cette réunion est nécessaire pour le retour complet de la confiance : au lieu de confiance, lisez agiotage.

(Voilà, quoi qu'on en dise, un candidat monarchiste réclamant le retour à Paris).

Ce n'est pas seulement à propos des jeux de bourse et des agiotages peu avouables, que l'excès de confiance, après une crise, est un des plus grands dangers d'un Etat. Il ne faut pas encourager Paris à se donner cette fièvre, il n'y est que trop porté. Le commerce, les entreprises de toute sorte prennent un tel essor, qu'à l'heure où le fleuve est rentré dans son lit, on crie, en pleine prospérité, que les affaires ne vont plus. Ce n'est pas cela ; le torrent est redevenu rivière, les choses ont repris leur cours naturel, mais l'avidité produit le mécontentement, et la méfiance vient de l'excès de confiance.

Pour en finir avec les candidats ou députés qui veulent revenir à Paris, on ne peut leur supposer de mesquines considérations, comme la cherté des vivres et des logements à Versailles, qui tenait avant tout à l'émigration causée par la Commune. Outre les deux chemins de fer, on a maintenant une foule de communications inconnues sous Louis XIV ; ajoutez le télégraphe électrique : enfin ils devraient considérer que les membres du parlement anglais n'ont guère moins de chemin à faire, pour aller à Wetsminster en traversant Londres, que les nôtres de Paris à Versailles.

Ce n'est pas que Versailles soit absolument nécessaire ; il y a Saint-Germain que Louis XIV avait choisi d'abord : (s'il y revenait, il ne serait plus attristé par la vue du clocher de Saint-Denis). L'important est que le centre gouvernemental soit assez près de Paris pour que les communications soient extrêmement faciles et rapides, et assez loin pour éviter ces surprises du pouvoir qui font qu'on s'endort sous un gouvernement, et qu'on s'éveille sous un autre : notez que, si cela ne s'étend pas chaque fois à toute la France, ce n'est pas la faute des magiciens qui donnent le coup de baguette.

De pareilles surprises sont déraisonnables même quand elles sont motivées ; or, elles le paraissent toujours, car quel est le gouvernement exempt de fautes ? Ainsi on a pu avoir, non pas raison, mais des raisons pour renverser la Restauration, Louis-Philippe, etc..., cependant il est étrange de voir ainsi escamoter le pouvoir en France, sans consulter la France.

Au 4 septembre, l'invasion allemande ne le permettait guère ; mais il est fâcheux que les futurs communeux s'en soient mêlés, ce qu'ils n'auraient guère pu faire à Versailles. C'était le rôle de l'Assemblée de proclamer la déchéance et la république : assurément sa majorité n'était plus impérialiste après comme avant Sedan.

Si Louis XIV a choisi pour résidence Saint-Germain, puis Versailles, c'est qu'il n'avait pas moins de bon sens que d'orgueil et que son enfance avait déjà de l'expérience, grâce aux troubles de la Fronde. Il avait vu que le Louvre n'était plus, comme dans les temps féodaux, la forteresse du roi contre les vassaux, mais menaçait d'être la prison où les Parisiens garderaient le souverain pour lui dicter leurs volontés et d'où lui-même avait été obligé de s'enfuir furtivement.

Une fois le gouvernement ainsi établi hors de Paris, il y eut bien encore des agitations dans la capitale et dans les provinces, mais le pouvoir n'en fut pas ébranlé.

En 1789, la Révolution se faisait sans révolutions, puisque les trois ordres étaient parvenus à s'entendre entre eux et avec le roi. Mais ce n'était pas l'affaire du parti démagogique, aussi habile dès lors que maintenant ; il jugea le moment favorable pour entraîner le roi tandis que l'Assemblée lui était encore assez attachée pour ne pas le quitter ; tous deux furent donc absorbés dans le gouffre de Paris, et plus tard la Convention elle-même trembla devant la Commune. Aussi ce jour du 6 octobre 1789, est-il peut-être le plus funeste de l'histoire de France ; depuis on ne compte plus les révolutions.

Si jamais un pareil coup de main pouvait réussir de nouveau, l'illégalité serait flagrante pour toute la France et pour Paris même ; car aujourd'hui, j'aime à le croire, le gouvernement, instruit par l'expérience, prendrait tous les partis plutôt que de se laisser ramener en esclave ; dès lors l'anarchie n'aurait qu'un temps.

On dira peut-être que j'insiste trop sur le caractère révolutionnaire de Paris et que nos bouleversements tiennent à ce qu'on met de côté le principe de la légitimité. Soit, mais en parlant ainsi, on oublie que la royauté avait été chassée de Paris par les barricades sous Anne d'Autriche, et, avant cela, sous Henri III. On voulait tout simplement détrôner le roi et l'on se tirait d'affaire avec la légitimité en fabriquant au duc de Guise une généalogie burlesque où on le faisait descendre de Charlemagne. Enfin on envoya au roi un assassin ; on agit de même pour le sauveur de la France, pour Henri IV, et ce fut encore plus facile puisqu'il résidait à Paris, croyant sans doute contenir les restes de la ligue, qui était la Commune de ce temps-là : mais on sait comment remplacer l'émeute quand la disposition du peuple la rend impossible. Il suffit de *supprimer* le monarque ou, s'il s'agit d'une république, l'homme qui *gêne*.

A Dieu ne plaise que j'accuse les vrais Parisiens, ceux de Paris, d'être, plus que d'autres, des assassins ni même d'impitoyables perturbateurs. Ils sont légers, imprévoyants, surtout ils oublient trop vite. Mais moi, vieux Parisien, je ne puis partager la fureur de ceux qui se croient profonds politiques quand ils disent : — Il faut raser Paris — Eh ! bon Dieu ! c'est au contraire pour le sauver du brigandage et des incendies qu'il vient de subir, c'est pour le rendre heureux et tranquille que je demande à lui voir enlever pour toujours cette suprématie politique, qui le dévore comme la couronne de Créuse.

Quand il en était délivré, n'était-il pas, plus que jamais, la capitale du monde intellectuel ? comme disait Molière : — Il faudrait être l'antipode de la raison pour ne pas confesser que Paris est le grand bureau des merveilles, le centre du bon goût, du bel esprit et de la galanterie. — Il est vrai que c'est Madelon qui parle à Mascarille ; mais tout le monde était de son avis.

Malheureusement les avantages entraînent leurs inconvénients. L'attraction qu'exerce Paris y rassemble, depuis plus longtemps qu'on ne pense, des déclassés, des *réfractaires,* population dangereuse, mais plus nombreuse que jamais si on réunit dans cet abîme jusqu'au pouvoir central : l'armée du désordre y afflue, non-seulement de la province, mais de tous les points du monde et finit par en faire un vaste champ de bataille.

Pendant ce temps que deviennent les pauvres Parisiens, pour qui tout cela doit se terminer par la ruine de leur fortune et de leur cité ? Ils commencent par se faire des illusions trop subtiles pour ne pas être niaises. — Pourquoi ne pas leur laisser leurs canons, disait-on en parlant des gens de Montmartre, c'est bien à eux. — A force de lire des proclamations où il ne s'agissait d'abord que de franchises municipales, on supposait que Paris renonçait à sa suprématie sur la province, à condition d'être indépendant, sans, pour cela, se séparer de la France. C'était un peu vague, mais on croyait entrevoir une idée juste : aussi paraît-il que M. Thiers lui-même eut d'abord la naïveté d'espérer qu'on pourrait s'entendre avec ces gens-là.

Mais s'il s'est trompé en cela, quelle heureuse inspiration il a eue, je le répète, en ramenant l'assemblée de Bordeaux à Versailles, et non à Paris ! Puisque l'invasion allemande a fait venir l'idée d'en écarter le siége du gouvernement, profitons au moins de l'occasion fournie par le malheur et n'écoutons pas les bons citadins prétendant qu'ils auraient défendu l'Assemblée si elle eût été à Paris. Les émeutiers étaient bien plus forts et plus habiles qu'en juin 1848, le parti de l'ordre, soldats et bourgeois, plus faible et plus égaré. Le gouvernement aurait été balayé dans un clin d'œil s'il n'avait eu un point d'appui à Versailles.

Je me trompe, l'ordre aurait été rétabli, mais à quel prix ? et par qui ? — Par les Prussiens ! — Heureusement Dieu nous a épargné ce comble de misère et de honte.

———

Je vous en supplie donc, vous tous qui pouvez avoir quelque influence dans cette question, peut-être la plus grave de toutes, écoutez un simple citoyen qui n'appartient à aucun parti. Pour ainsi dire par une loi d'Etat, supérieure à toutes les républiques et monarchies possibles, ôtez à Paris, ôtez lui pour jamais la résidence du pouvoir central, cette funeste prérogative de changer le gouvernement de la France entière comme on change le décor d'un théâtre, cette centralisation à outrance qui nous conduit à la complète dislocation dont nous menaçait la Commune. Un pareil excès de puissance politique nous attire la jalousie et la haine de la province, et cependant, nous Parisiens en souffrons plus que d'autres, ceux même qui, par une vanité mal placée, veulent concentrer ici tous les pouvoirs.

Eh ! que perdrait Paris ? N'exercera-t-il pas une influence prépondérante par sa population et, par conséquent ses députés, par l'éclat de son centre intellectuel et par sa presse! Qu'importe que le Palais-Bourbon (Corps Législatif) ait été épargné par l'incendie! Il ne faut pas considérer la question par un côté secondaire et matériel. Oui, on le conservera afin de le montrer comme une salle trop souvent deshonorée par l'invasion de l'émeute pour réunir désormais les élus de la nation.

Paris cessera-t-il d'être le centre du monde et le rendez-vous des étrangers? Bien au contraire, car ils ne craindront plus d'être obligés de le fuir au premier souffle de l'orage populaire. Du reste il s'enrichira encore plus, ainsi que la France, par leurs commandes que par leur présence. Peut-être n'y verra-t-on plus ceux qui n'y venaient que pour espionner le pouvoir ou encore pour le renverser; mais, quant à ceux-là, il ne faut pas les regretter.

Paris deviendra-t-il la ville des plaisirs malsains et des débauches, la Babylone sur laquelle on a si souvent lancé l'anathème? Certes l'absence du pouvoir et de son entourage ne contribuera pas à sa corruption ; loin de là ; car quelles que soient l'intelligence et la moralité de ceux qui gouvernent, ils ne peuvent s'empêcher d'être le centre d'un champ clos d'ambitions et de convoitises de toute sorte qui n'ont rien de moralisant ni de vivifiant pour le foyer intellectuel.

— Mais, me dira-t-on, votre avis est égoïste ; vous avez peur.

Pourquoi pas? il y a bien de quoi.

Mais, en réalité, je ne crains pas de revoir ce que j'ai vu : en tout, comme en physique, la réaction est égale à l'action ; or, le désordre a dépassé tout ce qui précédait, nous pouvons donc espérer vingt ans environ de tranquillité, du moins relative. Peut-être même la rentrée du pouvoir dans Paris semblerait-elle exercer au début une influence heureuse : mais c'est à l'avenir qu'il faut songer ; peu importent les derniers votes de Paris et de la province.

Ne dites pas qu'au jour du danger on viendrait chercher du secours en province, l'Assemblée serait traitée de fugitive comme la monarchie de Charles X à Rambouillet, et on lui répondrait à elle aussi : — Il est trop tard, Paris vous a chassée, la France ne vous connaît plus.

Mais l'Assemblée n'est pas convenablement installée à Versailles. — Ah! voilà le grand mot! Je pourrais me donner le facile plaisir de comparer les députés de 1871, réclamant leurs coudées franches, à ceux de 1789 se contentant d'un jeu de paume, mais j'aurais tort de le faire. Oui, il est juste que les représentants aient un local aussi confortable que possible. Cette sollicitude doit s'étendre

au public des tribunes et surtout aux journalistes ; mais
tout cela ne peut-il se présenter qu'au Palais-Bourbon ? On
avait bien autrefois trouvé à Versailles une salle et même
trois pour les États ; est-ce plus difficile aujourd'hui ? Ne
pourrait-on encore disposer le palais de Saint-Germain ?
S'il faut, à la rigueur, dans l'une de ces deux villes, cons-
truire une salle des séances, faites-la, non-seulement confortable, mais grande, belle et riche, et, malgré nos
désastres, ne regrettez pas l'argent qu'elle aura coûté ;
surtout si vous songez au sort qui attendrait nos députés
dans ce Corps législatif, maudit comme les Tuileries elles-
mêmes.

Sans doute, nous tâcherons de garder ce qui nous
reste d'unité en France et d'empêcher que les grandes
communes ne se détachent complétement du pouvoir
central ; mais il faut avouer qu'elles tendent à se rendre
de plus en plus indépendantes de ce pouvoir ; aussi l'Em-
pire avait pris le parti, absolu et impossible à maintenir,
de les remplacer par des commissions municipales.

Voyez alors ce que deviendrait la Commune de Paris,
même en la supposant d'abord aussi conservatrice que la
précédente a fini par être dévastatrice, en face d'une Assemblée qui, si énergique qu'elle fût, ne le serait pas plus
que la Convention. Après une courte période de tranquil-

lité et par la force même des choses, cette Assemblée, si elle résidait à Paris, subirait la loi de la Commune qui la recevrait elle-même des clubs et bientôt du banditisme cosmopolite.

Enfin, l'orage éclaterait pour emporter le dernier gouvernement français.

On s'est moqué de l'*hydre de l'anarchie* aussi bien que du *spectre rouge;* mais songez que cette prétendue révolution sociale, c'est-à-dire la guerre de l'orgueil contre le travail, de l'avidité contre la persévérance, se renouvelle périodiquement; c'est comme un abcès qui mûrit lentement et finit par percer. Eh bien! tâchez qu'il ne perce plus dans la tête, car ce serait la folie ou la mort. Délivrez donc Paris du pouvoir central; alors la Commune s'occupera de ses municipalités, sans cela fort négligées, avouaient nos communeux eux-mêmes; vous aurez ainsi sauvé la France et assuré son avenir en même temps que celui de Paris.

Votez pour cette délivrance, représentants de la nation, non point par défiance et haine contre Paris, mais par amour et pitié pour lui. Son vaisseau a failli être englouti par des tempêtes de plus en plus terribles, et cependant Paris espère toujours en Dieu, et dans la devise de ce glorieux symbole — Toujours ballotté, jamais submergé, — *Fluctuat nec mergitur.*

H. C.